선생님이 만든

좔좔 글읽기

2권 학교는 즐겁다

선생님이 만든 좔좔 글읽기

2권 학교는 즐겁다

초판 1쇄 2014년 4월 15일
초판 3쇄 2022년 9월 15일

지은이 서울경인특수학급교사연구회

펴낸이 방영배
디자인 강민재
펴낸곳 다음생각

주소 경기도 고양시 일산동구 중앙로 1261번길 19 호수광장빌딩 204호
전화 031-903-9107 **팩스** 031-903-9108 **이메일** nt21@hanmail.net
출판등록 2009년 10월 6일 제 2019-000144호
인쇄 현문 **종이** 월드페이퍼
ISBN_(전 4권) 978-89-98035-27-3 (64700)

책이 나오기까지

〈서울경인특수학급교사연구회〉는 통합교육과 특수교육의 여건이 제대로 마련되지 않았던 90년대 초에 서울, 경기, 인천의 초등학교 특수학급 교사들이 모인 이래 지금까지 계속되고 있는 연구 모임입니다. 그동안 함께 모여 공부하고 올바른 교육의 방향에 대해 고민하면서 새로운 통합 프로그램 등을 만들어 보급해 왔습니다. 어떻게 하면 좋은 수업을 할 수 있을지 연구하여 여러 가지 수업 자료를 개발하기도 했습니다. 『선생님이 만든 좔좔 글읽기』도 이런 고민과 연구 과정을 거쳐 나온 책입니다.

읽기를 배우는 데 오랜 시간이 걸리는 아이들의 경우 좋은 교재와 다양한 방법으로 가르쳐야 함에도 마땅한 자료와 프로그램이 없어 고민이 많았습니다. 그래서 연구회 교사들은 2010년부터 국어 교육에 관한 연수를 들으며 국어 교육과정을 분석하고 국어의 각 영역별 목표 체계를 정리했습니다. 회원들이 각자의 국어 수업 사례를 발표하며 좋은 국어 수업 방법에 대해 고민한 끝에 2012년에 읽기 이해력 향상을 위한 자료를 만들었습니다. 총 25명의 현장 교사들이 직접 글을 쓰고, 읽기 이해 문제와 관련 활동지를 만들었습니다. 이 읽기 교재를 수업에 활용해 보니 아이들이 흥미 있게 수업에 참여하고 독해력이 향상되는 것을 알 수 있었습니다. 그동안 아이들에게 맞는 자료를 일일이 수정해 만드느라 애썼던 선생님들도 이 자료를 활용해 훨씬 수월하게 활동적인 수업을 할 수 있었다고 합니다.

이 책을 출판하기까지 많은 시간과 노력이 필요했습니다. 그 과정에서 여러 사람들에게 도움을 받았습니다. 덕원예고에서 미술을 전공하는 학생들이 약 1,200컷의 그림을 정성껏 그려 주어 책의 내용이 더욱 풍부해졌습니다. 그리고 도서출판 〈다음생각〉에서 의미 있는 결정을 내려 준 덕분에 이 책이 만들어질 수 있었습니다. 자원봉사로 수고해 준 덕원예고 학생들과 편집 작업에 애써 준 〈다음생각〉 출판사 분들께 깊은 감사를 드립니다.

여러 아이들의 다양한 특성에 맞는 단 하나의 교재란 있을 수 없습니다.
다만 『선생님이 만든 좔좔 글읽기』가 특수학급, 특수학교, 또 다른 교육 현장에서 국어 수업을 좀 더 풍요롭게 할 수 있는 자료가 되면 좋겠습니다. 아이들이 이 책으로 재미있게 공부할 수 있기를 바랍니다.

서울경인특수학급교사연구회

책의 특징

우리나라 아이들은 일찍부터 한글을 배우기 시작하여 초등학교에 들어가기 전에 이미 글을 줄줄 읽는 경우가 많습니다. 이를 반영하듯 초등학교 국어 교과서는 처음에 낱자 학습 및 단어 읽기를 다루다가 난이도가 급격히 높아집니다. 1학년 1학기 말쯤 되면 실제로 10문장 이상의 긴 글을 읽을 수 있어야 수업을 따라갈 수 있습니다. 한글을 깨치지 못한 상태로 입학하는 아이들의 경우 국어 수업에서 어려움을 겪을 수밖에 없습니다. 따라서 이제 막 문장 읽기를 시작하여 글을 유창하게 읽고 이해하는 데까지 많은 시간이 걸리는 학생들의 특성을 고려한 적합한 교재가 필요합니다.

이 교재는 학생의 연령에 맞는 좋은 문장으로 학습자의 속도에 맞게 읽기 이해력을 높일 수 있도록 개발하였습니다. 읽기를 배우는 데 오래 걸리는 아이들도 좋은 글을 읽고, 글에서 정보를 얻고, 글을 읽는 즐거움을 가질 수 있게 하고자 합니다.

1. 짧은 글을 읽고 내용을 이해할 수 있도록 다양한 활동으로 구성했습니다. 문장 읽기 수준에 있는 학생들은 누구나 이 책으로 독해 공부를 할 수 있습니다. 특수학급이나 특수학교에 재학하는 초 · 중 · 고 학생, 읽기에 어려움을 가지고 있는 학습 부진 학생, 한글을 배우기 시작하는 다문화 학생이나 재외교포를 대상으로 하는 한글교실에서도 사용할 수 있습니다.

2. 각 단계는 읽기 이해의 수준별로 분류해 제작하였습니다. 1단계의 목표는 1~2문장을 읽고 이해하는 것이며 마지막 4단계의 목표는 글의 구조를 이해하는 것입니다. 단계에 따라 글의 길이, 문장과 어휘의 난이도, 질문의 난이도가 높아집니다.

3. 다양한 종류의 글을 접하도록 제시하였습니다. 생활글, 실용적 정보를 주는 글, 문학 작품(시, 이야기), 노랫말, 일기, 설명글 등 다양한 글을 통해 읽기 이해력을 높이도록 하였습니다. 초등국어교육과정의 목표와 내용체계를 고려하였고 초등교육과정에서 다루는 주제를 선정하여 교사들이 직접 글을 썼습니다. 그림책이나 시와 같은 문학 작품을 선정한 경우에는 전문을 제시하여 학생들이 문학 작품 전체를 느끼도록 하였습니다. 실생활에서 정보를 주는 글을 바로 읽고 활용할 수 있도록 실용글 읽기를 제시했습니다.

4. 읽기 이해 능력을 중심으로 접근하지만 듣기, 말하기, 쓰기를 함께 배울 수 있도록 다양한 활동을 제시하였습니다. 읽기 이해 능력은 읽기 기술만을 따로 가르치는 것에 의해 향상되지 않으며 다른 영역과 총체적으로 접근하는 것이 바람직하기 때문입니다. '글마중, 신나는 글 읽기, 이야기 돋보기, 낱말 창고, 우리말 약속, 뽐내기'라는 꼭지를 두어 활동적인 수업이 되도록 제시하였습니다.

5. 읽기를 천천히 배우는 아이들의 특성을 고려하여 충분히 공부할 수 있도록 단계를 세분화하였습니다. 학생들의 연령과 특성에 맞게 선택하여 제시할 수 있도록 같은 수준의 자료를 다양하게 준비하였습니다.

책의 구성

글마중

'글마중'에는 배워야 할 전체 본문을 제시했습니다. 읽기가 서툴러 짧은 글을 읽는 아동이라 하더라도 국어 교육 목표에 따라 문학 작품 등을 부분만 제시하는 것은 바람직하지 않습니다. 아직 술술 읽는 것이 어렵지만 읽기를 재미있게 받아들일 수 있도록 완성도 있는 짧은 글을 그림과 함께 제시하였습니다.

신나는 글읽기

'신나는 글 읽기'에서는 본문의 내용을 쉽게 파악할 수 있도록 글에 관련된 여러 활동을 제시하였습니다. 다양한 방법으로 읽기, 그림으로 전체 내용 파악하기, 내용과 관련된 듣기·말하기 활동 등으로 구성되어 있습니다. 이 꼭지를 통해 아이들은 읽기 활동을 재미있게 느낄 것입니다.

이야기 돋보기

'이야기 돋보기'는 문장의 구조를 활용하여 내용을 파악하기 위한 반복적인 연습문제로 구성되어 있습니다. 본문의 문장을 나누어 제시하고 글의 내용에 관한 질문에 답하도록 문제를 제공하였습니다. 단계에 따라 문장의 길이, 문제의 난이도, 단서 수준, 답을 쓰는 방법을 달리하였습니다.

낱말 창고

'낱말 창고'에서는 본문에 있는 낱말 중 어려운 낱말을 선정하여 낱말 뜻 익히기나 쓰기 활동, 맞춤법, 어휘 관련 활동을 제시하였습니다. 본문의 낱말과 관련된 여러 어휘를 제시하여 어휘력 향상을 꾀하였습니다.

뽐내기

'뽐내기'는 본문과 관련된 다양한 쓰기와 표현 활동으로 구성하였습니다. 반복적인 쓰기 연습만으로는 아이들 스스로 쓰기 표현을 즐길 수 없습니다. 글마중의 내용과 관련된 쪽지도 쓰고, 그림도 그리고, 만들기도 하면서 쓰기를 즐겁게 느낄 것입니다. 1단계에서 문장 완성하기부터 시작하여 마지막 단계에서는 글의 주제와 종류에 따라 글을 쓰는 방법까지 다루게 됩니다.

우리말 약속

'우리말 약속'에서는 아이들이 익혀야 하는 말본지식(문법)을 이해하기 쉽게 제시하고 반복 연습을 통해 익히도록 합니다. 자모음 체계 익히기, 품사와 토씨(조사) 등의 문장구조 익히기, 어순대로 쓰기, 이음말(접속사) 익히기 등 말본지식을 활용할 수 있도록 다양한 활동을 제시합니다.

책의 꼭지 활용 방법

🧑 〈글마중〉에 나온 글을 다양한 방법으로 읽게 해 주세요. 적당한 속도로 정확하게 읽을 수 있어야 글의 내용을 이해할 수 있습니다. 문장을 읽기 시작한 아이들의 경우 소리 내어 읽는 것은 매우 중요합니다. 자기가 읽은 것을 들으며 읽은 내용을 이해하기 때문입니다. 눈으로 읽은 것을 바로 이해하는 묵독을 할 수 있는 단계가 되기 전까지는 다양한 방법으로 소리 내어 읽는 활동을 많이 해 보는 것이 좋습니다. 읽기의 유창성과 정확도를 높이면 읽기 이해력도 향상됩니다.

읽어 주는 것 듣기, 교사가 한 문장이나 한 구절씩 읽으면 따라 읽기, 중요한 단어나 구절만 따로 읽기, 입 맞추어 함께 읽기, 구절 나누어 읽기, 번갈아 읽기, 돌아가며 읽기, 혼자 읽기 등의 방법을 활용하면 좋습니다. 아이가 읽은 것을 녹음해 다시 듣게 하거나 친구와 서로 읽어 주는 방법도 동기 유발에 좋습니다.

🧑 〈신나는 글 읽기〉와 〈뽐내기〉는 표현 활동이므로 학습지만 활용할 것이 아니라 실제 활동을 통해 익히도록 해 주세요. 노래를 함께 부르고, 동작을 만들어 보세요. 주제와 관련하여 말하기, 동작, 음률, 미술, 몸짓, 놀이 등 다양한 표현 활동과 연계하여 활동적인 수업을 해 보세요. 이렇게 통합적으로 접근하면 아이들의 자유로운 표현 능력이 향상되고 흥미 있게 참여할 것입니다. 다양한 활동을 통해 자연스럽게 말하기, 쓰기 표현 능력이 향상될 수 있도록 연계하여 지도할 수 있습니다.

🧑 〈이야기 돋보기〉는 이해 목표에 따른 반복 활동으로 연습을 할 수 있게 되어 있습니다. 문장 단서와 그림 단서를 활용하는 방법을 알려 주세요.

지도 교사 도우미

🧑 〈꼭지별 내용 체계〉는 주제에 관한 꼭지 구성이 어떻게 되어 있는지 한눈에 볼 수 있도록 표로 정리되어 있습니다. 수업 계획을 세울 때 활용하거나 평가할 때 체크리스트로 사용해도 좋을 것입니다.

🧑 〈좀 더 활용해 보세요〉는 주제와 관련하여 추가로 지도할 수 있는 수업 아이디어를 제공하였습니다.

너도나도 이야기해요.	듣기, 말하기와 관련된 활동을 소개하였습니다.
같이 읽어요.	주제와 관련하여 아이와 함께 읽어 보면 좋을 책을 소개하였습니다.
마음대로 나타내요.	주제와 관련된 다양한 쓰기 표현 활동을 제시했습니다.
함께 놀아요.	주제에 맞는 과학, 미술, 음악, 놀이, 연극 놀이, 자연 놀이, 요리 활동 등 다양한 통합 활동이 포함되어 있습니다.

🧑 〔선생님께 한마디〕는 교사가 참고할 만한 지도 방법을 학습지 하단에 제시한 것입니다.

1단계의 목표와 내용 구성

★ 1단계는 아이들의 생활에 관련된 주제를 중심으로 4권의 책으로 엮었습니다.

★ 1단계는 문장 읽기를 시작한 아이들에게 짧은 생활문이나 노랫말, 주변에서 흔히 접할 수 있는 짧은 글을 통해 읽기에 흥미를 갖도록 하였습니다.

★ 1단계의 목표는 다음과 같습니다. 단, 제시 방법에 따라 목표를 조정할 수 있습니다.
  - 읽기 : 3~5문장의 짧은 글을 그림과 연결하여 내용을 파악할 수 있다.
           1문장을 읽고 '누가, 어디, 무엇'에 관한 질문에 단서를 이용하여 답할 수 있다.
  - 듣기 말하기 : 대화 주제와 관련하여 다양한 언어 표현 활동에 참여할 수 있다.
  - 쓰기 : 주제에 관련한 짧은 문장 쓰기를 통해 쓰기 표현에 흥미를 느낄 수 있다.
  - 문학 : 짧은 생활문, 동시, 노랫말, 실용문 읽기를 통해 읽기에 흥미를 느낄 수 있다.
  - 문법 : 닿소리와 홀소리를 조합하는 글자의 구성 원리를 파악할 수 있다.

	1권 〈우리 집에 놀러 와〉	2권 〈학교는 즐겁다〉	3권 〈와! 신나는 방학이다〉	4권 〈우리들은 자란다〉
전체 구성	동물원 주말농장 엄마 결혼 이사	소개하기 학교생활 운동회 주말 이야기 건강 검사	여름방학을 시작하며 가족 여행 할머니 댁에 왔어요 시골 생활	캠핑 밴드부 문화 체험
글마중	글마중에 실려 있는 본문은 3~5문장의 짧은 글로 제시하였습니다. 한 문장의 짜임은 2~5어절로 되어 있습니다. 본문의 내용을 이해하기 쉽게 그림을 함께 넣었습니다. 생활문, 편지나 일기, 동시나 노랫말, 광고나 안내문 등 주변에서 접할 수 있는 짧은 글을 다양하게 구성하였습니다.			
신나는 글 읽기	본문과 관련된 미술, 동작, 음률 활동이 제시되어 있습니다. 글의 주요 내용을 그림에서 찾거나 주제와 관련해 실생활에 응용하는 활동도 포함되어 있습니다.			
이야기 돋보기	글마중의 본문을 1문장씩 나눠 '누가, 무엇, 어디'에 관한 질문에 답하도록 문제를 제시했습니다. 의문사와 답에 색으로 단서를 제공하여 문장 구조에 따라 내용을 쉽게 이해할 수 있도록 하였습니다. 2개의 보기 중 하나를 고르게 하거나 그림을 단서로 답을 쓰는 형태로 구성하였습니다.			
낱말 창고	본문에 나오는 기본 어휘의 뜻을 익히거나 낱말 쓰기 활동을 제시하였습니다. 주로 이름씨(명사), 움직씨(동사), 흉내 내는 말 등을 다루고 있습니다.			
뽐내기	주제에 관련된 그림 그리기, 만들기 활동 등 다양한 표현 활동을 제시했으며 단어를 써넣어 문장을 완성하거나 1문장으로 표현하기를 목표로 했습니다.			
우리말 약속	닿소리와 홀소리의 이름과 획순 익히기, 낱자가 들어가는 단어 익히기, 첫소리와 가운뎃소리와 끝소리를 조합하여 글자를 만드는 활동으로 구성하였습니다.			

꼭지별 내용 체계

2권 학교는 즐겁다

주제	글마중	신나는 글 읽기	이야기 돋보기	낱말 창고	뽐내기	우리말 약속
소개하기	자기소개(1)		자기소개 읽고 이름, 좋아하는 운동과 과목 찾기	공으로 하는 운동 이름(야구, 축구, 농구, 배구, 탁구)	자신을 소개하는 문장 완성하기	- 'ㄷ'쓰기 - 'ㄷ'이 들어가는 낱말 익히기 - 첫소리, 가운뎃소리, 끝소리 조합해 'ㄷ'이 들어가는 낱자 만들기 - 'ㄷ'이 끝소리로 쓰이는 낱말 읽고 쓰기
	자기소개(2)		자기소개 읽고 이름, 좋아하는 운동과 과목 찾기			
	자기소개(3)		자기소개 읽고 이름, 좋아하는 운동과 과목 찾기			
	우리 학교엔 다 있어		학교 소개 글 읽고 무엇, 어디를 물어보는 말에 답하기	학교 시설(조회대, 스탠드, 강당)	우리 학교에서 좋아하는 곳을 소개하는 문장 완성하기	
학교생활	알림장(1)	알림장 내용에 맞는 그림 연결하기	알림장 읽고 무엇을 물어보는 말에 답하기	운동장에 있는 놀이 시설 (미끄럼틀, 시소, 철봉, 구름사다리, 정글짐, 그네)	알림장 보고 적기	- 'ㄹ'쓰기 - 'ㄹ'이 들어가는 낱말 익히기 - 첫소리, 가운뎃소리, 끝소리 조합해 'ㄹ'이 들어가는 낱자 만들기 - 'ㄹ'이 끝소리로 쓰이는 낱말 읽고 쓰기
	상우의 일기	일기 내용에 맞는 그림 연결하기	일기 읽고 누구, 무엇을 물어보는 말에 답하기		등굣길에 만난 사람 등 적기	
	토끼 만들기	문장에 맞는 사진 붙이기	토끼 만드는 순서 읽고 무엇을 물어보는 말에 답하기	만들다 / 붙이다		
	통통통	노래 듣고 율동 하기, 문장에 맞는 그림 붙이기	동작을 나타내는 문장 읽고 답 고르거나 적기	뛰어 / 굴러가요 / 기어가요 / 춤춰요		
	긴 줄넘기 놀이	노래 듣고 긴 줄 넘기 하기, 그림에 맞는 문장 붙이기	동작을 나타내는 문장 읽고 답 고르거나 적기	불러라 / 볼까 짚는다 / 가거라	친구 이름 넣어 노랫말 완성하기	

주제	글마중	신나는 글 읽기	이야기 돋보기	낱말 창고	뽐내기	우리말 약속
운동회	알림장(2)		알림장 읽고 무엇을 물어보는 말에 답하기	학용품 (연필, 가위, 풀, 지우개, 색연필)		- 'ㅁ'쓰기 - 'ㅁ'이 들어가는 낱말 익히기 - 첫소리, 가운뎃소리, 끝소리 조합해 'ㅁ'이 들어가는 낱자 만들기
	운동회 순서	운동회 날 경기 순서 알기	운동회 순서지 읽고 무엇을 물어보는 말에 답하기	운동회 경기 이름(줄다리기, 긴 줄넘기, 박 터뜨리기, 율동, 간이탁구, 줄넘기)	운동회 사회자가 되어 경기 소개하기	
	오늘은 가을 운동회 날	운동회 날 들리는 소리와 그림 연결하기	운동회 응원 글 읽고 무엇을 물어보는 말에 답하기		운동회 초대장 완성하기	
주말 이야기	주말 이야기 발표하기(1)	주말 이야기 발표한 친구와 내용 연결하기	주말 이야기를 읽고 누구, 무엇, 한 일에 답하기		나와 친구들의 주말 이야기 쓰고 발표하기	- 'ㅁ'이 끝소리로 쓰이는 낱말 읽고 쓰기
	주말 이야기 발표하기(2)	주말 이야기 발표한 친구와 내용 연결하기	주말 이야기를 읽고 누구, 무엇, 한 일에 답하기		주말에 먹은 음식 이름 쓰고 사진 붙이거나 그림 그리기	
건강 검사	건강 검사 하는 날	건강 검사하는 그림 찾기	한 문장을 읽고 누가, 무엇, 느낌에 대한 물음에 답하기			- 'ㅂ'쓰기 - 'ㅂ'이 들어가는 낱말 익히기 - 첫소리, 가운뎃소리, 끝소리 조합해 'ㅂ'이 들어가는 낱자 만들기 - 'ㅂ'이 끝소리로 쓰이는 낱말 읽고 쓰기
	건강 검사 순서	건강 검사 순서 맞추기	건강 검사 순서를 보고 질문에 답하기			
	키와 몸무게 재는 방법 안내	키와 몸무게 재는 방법 순서대로 맞추기	키와 몸무게 재는 방법을 보고 질문에 답하기	비교 개념 (크다와 작다 / 무겁다와 가볍다)	나와 친구의 키와 몸무게를 쓰고 비교하기	
	기태의 일기		문장을 읽고 무엇에 답하기			
	기태의 아침 식사	음식 이름과 그림 연결하기	문장을 읽고 단어 쓰기 및 고르기	음식 이름 쓰기		
	키 큰 아이 부러운 날		시를 읽고 누가, 무엇에 대하여 답하기	'궁리하다' 뜻과 문장 속에서 익히기		
	꼬마 원숭이	원숭이와 기린의 키 비교하고 색칠하기	시를 읽고 질문에 답하기	신체 부위 이름 쓰기	벽에 등 대고 2가지 방법으로 키 재기	

좀 더 활용해 보세요

2권 학교는 즐겁다

집을 제외하고 아이들이 제일 많은 시간을 보내는 곳이 어디일까요? 바로 학교입니다. 학교는 아이들이 많은 시간을 보내고 많은 활동을 하는 곳이기에 빠질 수 없는 주제입니다. 이 책은 학교생활과 관련된 여러 가지 일들을 글감으로 삼았습니다. 알림장 쓰기, 자기소개 하기, 학교 소개하기, 주말 이야기 나누기 등을 넣었고 수업과 관련된 내용도 담았습니다. 그리고 학교 행사인 운동회, 건강 검사를 동시와 짧은 글로 만나면서 아이들의 마음을 들여다보고 싶었습니다. 아이들은 즐겁게 학교생활을 하기도 하지만 학교에 다니며 알아야 할 것도 많고 익혀야 할 것도 많기에 어떤 면에서 학교는 긴장의 공간이기도 합니다. 이 책에 나온 글을 읽고 관련된 활동들을 하면서 아이들이 학교를 좀 더 친숙하게 느끼고 학교생활의 숨어 있는 재미를 찾아낼 수 있으면 좋겠습니다.

활동 영역	관련 활동
너도나도 이야기해요	👦 '주말에는~'♪ 말놀이 - ♪ "주말에 지훈이는 갈비를 먹고", "주말에 지훈이는 갈비를 먹고 인선이는 떡볶이를 먹고~" ♬ - 앞사람이 이야기한 것을 다시 반복하여 말하고 자기 것을 말하는 게임으로 진행한다. - 주말에 있었던 일, 갔던 장소, 먹은 음식 등을 기억하여 이어서 말하기 놀이를 한다.
같이 읽어요	📚 행복한 학교 **이경혜 글 / 김중석 그림 / 바람의 아이들** 작은 마을의 '예쁜이 학교', 마을이 물에 잠기면 학교는 어떻게 될까요? '예쁜이 학교'의 시선으로 풀어낸 이야기.
	📚 거꾸로 알림장 **김영주 글 / 김미연 그림 / 아이앤북** 아이들이 '반드시 알림장' 밑에 '선생님 알림장'을 쓰면서 벌어지는 재미난 이야기.
	📚 우리는 학교에 가요 **황동진 글·그림 / 낮은산** 다른 나라 아이들은 어떻게 학교에 갈까요? 케냐, 캄보디아, 콜롬비아, 네팔 아이들이 학교 가는 모습을 만날 수 있어요.

활동 영역	관련 활동
같이 읽어요	 📚 **줄넘기를 깡충깡충** **오하시 에미코 글 / 고이즈미 루미코 그림 / 김지연 옮김 / 책과콩나무** 유치원생 예나는 줄넘기를 계속 연습하는데 잘하지 못해요. 예나가 토끼를 만나서 어떤 얘기를 듣게 될까요? 📚 **커졌다** **서현 글·그림 / 사계절** 내 키가 구름을 뚫고 우주까지 커진다면 어떨까요? 키가 작은 아이의 재미있는 상상 여행을 함께 떠나 보세요. 📚 **내 빤쓰** **박종채 글·그림 / 키다리** 옛날에 학교에서는 '신체검사'를 했어요. 신체검사 날, 칠남매의 막내인 철수에게 벌어진 이야기.

| 마음대로
나타내요 | 🗨 주말 이야기 형식
학생들과 주말 이야기 활동을 해 보세요. 금요일에 미리 과제를 주어서 간단하게 적어 오게 합니다. 월요일에 친구들 앞에서 발표하고 다른 친구들의 이야기를 들으면서 질문과 대답도 하는 활동을 해 봅시다. 학생들의 흥미도, 언어능력도 쑥! 쑥! 향상된답니다. |

언제	
누구랑	
어디에서	
무엇을 했나요?	
기분은 어땠나요?	
무엇을 느꼈나요?	
문장으로 쓰기	

| 함께 놀아요 | 🗨 주말 이야기 수수께끼
- 학생들과 주말 이야기를 나눈 후, 교사가 그 이야기 내용으로 문제를 만든다.
- 문제가 적힌 종이를 학생들이 뽑아서 읽는다.
- 그 이야기를 한 학생만 빼고 나머지 학생들이 문제를 맞추도록 한다.

🗨 학교 탐색하기
- 학교에 어떤 교실이 있는지 탐색해 본다.
- 탐색 후 어디에 어떤 교실이 있는지 교실 위치도를 그린다. |

선생님이 만든 좔좔 글읽기

2권

학교는 즐겁다

목차

학교는 즐겁다

1장
소개하기

자기소개(1) 16
자기소개(2) 18
자기소개(3) 20
우리 학교엔 다 있어 25
우리말 약속(ㄷ) 30

2장
학교생활

알림장(1) 33
상우의 일기 39
토끼 만들기 44
통통통 49
긴 줄넘기 놀이 55
우리말 약속(ㄹ) 62

3장
운동회

알림장(2) 65

운동회 순서 ·· 69

오늘은 가을 운동회 날 ··· 75

4장

주말 이야기

주말 이야기 발표하기(1) ··· 80

주말 이야기 발표하기(2) ··· 88

우리말 약속(ㅁ) ··· 96

5장

건강검사

건강 검사 하는 날 ·· 99

건강 검사 순서 ··· 103

키와 몸무게 재는 방법 안내 ································· 106

기태의 일기 ·· 111

기태의 아침 식사 ··· 113

키 큰 아이 부러운 날 ··· 117

꼬마 원숭이 ·· 120

우리말 약속(ㅂ) ··· 125

자기소개 (1)

제 이름은 홍재윤입니다.

제가 좋아하는 운동은 축구입니다.

저는 체육 시간이 제일 재밌어요.

선생님께 한마디 '자기소개 하기'는 같은 형태의 글 3개가 이어집니다.

월   일   요일   확인

다음 글을 읽고 알맞은 답을 고르거나 적어 보세요.

제 이름은 홍재윤입니다.

1. 누가 자기소개를 하고 있나요?

제가 좋아하는 운동은 축구입니다.

2. 재윤이는 어떤 운동을 좋아하나요? ·················· (   )

① 축구   ② 농구

저는 체육 시간이 제일 재밌어요.

3. 재윤이는 어느 시간이 제일 재미있나요? ·········· (   )

① 음악 시간   ② 체육 시간

자기소개 (2)

제 이름은 이명은입니다.

저는 수영을 좋아해요.

제가 가장 좋아하는 과목은 과학이에요.

월   일   요일   확인

 다음 글을 읽고 알맞은 답을 고르거나 적어 보세요.

제 이름은 이명은입니다.

1. 누가 자기소개를 하고 있나요?

저는 수영을 좋아해요.

2. 명은이는 어떤 운동을 좋아하나요? ⋯⋯⋯⋯⋯⋯⋯ (   )

① 축구

② 수영

제가 가장 좋아하는 과목은 과학이에요.

3. 명은이는 어떤 과목을 가장 좋아하나요? ⋯⋯⋯⋯⋯ (   )

① 수학

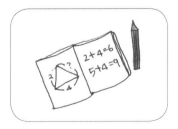

② 과학

자기소개 (3)

제 이름은 최영선입니다.

저는 야구를 좋아해요.

제가 좋아하는 과목은 미술이에요.

월   일   요일   확인

 다음 글을 읽고 알맞은 답을 고르거나 적어 보세요.

제 이름은 최영선입니다.

1. 누가 자기소개를 하고 있나요?

저는 야구를 좋아해요.

2. 영선이는 어떤 운동을 좋아하나요? ·················· (   )

① 야구   ② 탁구

제가 가장 좋아하는 과목은 미술이에요.

3. 영선이는 어떤 과목을 가장 좋아하나요? ·················· (   )

① 과학   ② 미술

앞에 나온 '자기소개' 3개의 글마중을 다시 읽고, 각자 좋아하는 운동과 이름을 연결하세요.

저는 야구를
좋아해요.

•   •

홍재윤

저는 축구를
좋아해요.

•   •

이명은

저는 수영을
좋아해요.

•   •

최영선

월   일   요일   확인

 공으로 하는 여러 가지 운동의 이름을 써 보세요.

	야구	야구	
	축구	축구	
	농구	농구	
	탁구	탁구	
	배구	배구	

자기 사진을 붙이고, 자신을 소개하는 문장을 완성해 보세요.

제 이름은 _____.

제가 좋아하는 운동은 _____.

제가 좋아하는 과목은 _____.

선생님께 한마디 글마중을 예시로 하여 자기소개를 말로 먼저 하고 나서, 문장을 완성할 수 있도록 도와주세요.

우리 학교엔 다 있어

축구장처럼 넓은 운동장이 있어.

다리 아플 땐 스탠드에 앉아.

비 오면 강당에 가면 되지.

강당 옆에는 느티나무가 있어.

조회대의 무지개 그림을 보면 놀랄걸!

다음 글을 읽고 알맞은 답을 고르거나 적어 보세요.

우리 학교엔 다 있어.
축구장처럼 넓은 운동장이 있어.

1. 다음 빈칸을 채워 보세요.

    엔 다 있어.

2. 학교 운동장이 무엇처럼 넓다고 했나요? .... (   )

   ① 수영장   ② 축구장

   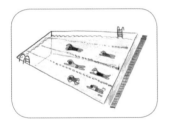   

다리 아플 땐 스탠드에 앉아.

3. 다리 아플 땐 어디에 앉나요? .... (   )

   ① 스탠드   ② 책상

다음 글을 읽고 알맞은 답을 찾아보세요.

비 오면 강당에 가면 되지.

1. 비 오면 어디에 가면 되나요? ─────────── (   )

　① 스탠드　　　　　　　② 강당

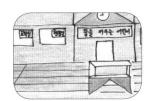　　　　　

강당 옆에는 느티나무가 있어.

2. 강당 옆에 무엇이 있나요? ───────── (   )

　① 느티나무　　　　　　② 허수아비

조회대의 무지개 그림을 보면 놀랄걸!

3. 조회대에 어떤 그림이 그려져 있나요? ───── (   )

　① 무지개 그림　　　　② 물고기 그림

학교 시설을 알아보세요.

조회대

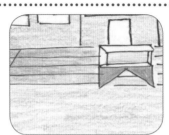
스탠드

강당

학교 시설 이름을 넣어 문장을 완성해 보세요.

1. 　　　　　　　　앞으로 오세요.

2. 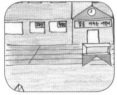 　　　　　　　　에 앉으세요.

3.  　　　　　　　　으로 오세요.

 <보기>에서 단어를 골라 문장을 완성해 보세요.

친구야, 지금 ＿＿＿＿＿＿ (으)로 올래?

<보기>   조회대   스탠드   강당

뽐내기

우리 학교에서 내가 제일 좋아하는 곳(또는 자랑하고 싶은 곳)을 사진으로 찍어 보세요. 사진을 붙이고 아래에 소개하는 문장을 완성해 보세요.

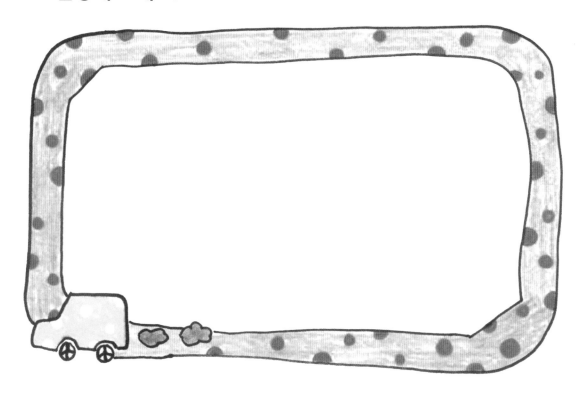

이곳은 [   ] 입니다.

여기서 [   ] .

<예시> 이곳은 도서실입니다. 여기서 책을 읽어요.

선생님께 한마디 날마다 학교의 이곳저곳을 오가면서도 막상 어떤 장소를 떠올리기 힘들 수도 있어요. 직접 운동장, 여러 특별실 등을 함께 다니며 마음에 드는 곳을 찾아보도록 하세요.

 순서에 주의하며 닿소리를 읽고 써 보세요.

 디귿   ㄷ   ㄷ

 큰 소리로 읽으면서 바르게 써 보세요.

ㅏ	ㅑ	ㅓ	ㅕ	ㅗ	ㅛ	ㅜ	ㅠ	ㅡ	ㅣ
다	댜	더	뎌	도	됴	두	듀	드	디
얃	얟	언	열	욛	욜	욷	윧	은	읻

 'ㄷ'이 들어가 있는 낱말에 ○ 하세요.

눈   줄넘기   달리다

다리   수박   줄다리기

낱말을 읽고 써 보세요.

다	리

도	끼

도	란	도	란

 낱자들을 더해서 써 보세요.

첫소리	+	가운뎃소리	+	끝소리	=	글자

ㄷ	+	ㅗ	+		=	도	
ㄷ	+	ㅏ	+	ㅁ	=	담	
ㄷ	+	ㅏ	+	ㄹ	=	달	
ㄷ	+	ㅜ	+	ㄹ	=	둘	2

'ㄷ'이 끝소리로 쓰이는 낱말을 읽고 써 보세요.

돋	보	기
ㄷㅗㄷㅂㅗ		ㄱㅣ
돋	보	기

컵	받	침
ㅋㅓㅂ	ㅂㅏㄷ	ㅊㅣㅁ
컵	받	침

숟	가	락
ㅅㅜㄷ	ㄱㅏ	ㄹㅏㄱ
숟	가	락

알림장 (1)

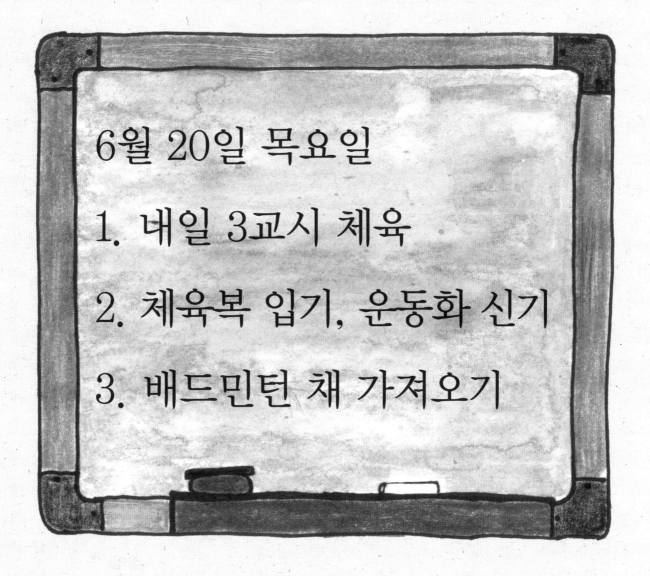

6월 20일 목요일

1. 내일 3교시 체육

2. 체육복 입기, 운동화 신기

3. 배드민턴 채 가져오기

문장에 맞는 그림을 알맞게 연결하세요.

내일 3교시
체육   ·   ·

체육복 입기,
운동화 신기   ·   ·

배드민턴 채
가져 오기   ·   ·

다음 글을 읽고 알맞은 답을 고르거나 쓰세요.

내일 3교시 체육

1. 내일 3교시 수업은 무엇인가요? ⋯⋯⋯⋯⋯⋯ (   )

　　① 체육　　　　　　　　　② 미술

체육복 입기, 운동화 신기

2. 내일 옷차림으로 바른 그림을 고르세요. ⋯⋯⋯ (   )

　　①　　　　　　　　　　　②

배드민턴 채 가져오기

3. 가져와야 할 준비물은 무엇인가요? ⋯⋯⋯⋯⋯ (   )

　　① 물컵　　　　　　　　　② 배드민턴 채

운동장에 있는 놀이 시설을 알아보세요.

| 미끄럼틀 | 시소 | 철봉 |

 놀이 시설 이름을 넣어 문장을 완성해 보세요.

1. | | | 에 매달립니다.

2. | | | | | 에서 내려옵니다.

3. | | | 를 탑니다.

 내가 제일 좋아하는 놀이 시설에 ○ 하고 친구들에게 이야기해 보세요.

| 미끄럼틀 | 시소 | 철봉 |

운동장에 있는 놀이 시설을 알아보세요.

구름사다리   정글짐   그네

 놀이 시설 이름을 넣어 문장을 완성해 보세요.

1. [　][　][　] 에 올라갑니다.

2. [　][　][　][　][　] 를 건너갑니다.

3. [　][　] 를 탑니다.

내가 제일 좋아하는 놀이 시설에 ○ 하고 _____에 써 보세요.

미끄럼틀	시소	철봉
구름사다리	정글짐	그네

나는 _____ 을/를 제일 좋아합니다.

알림장을 보고 아래에 써 보세요.

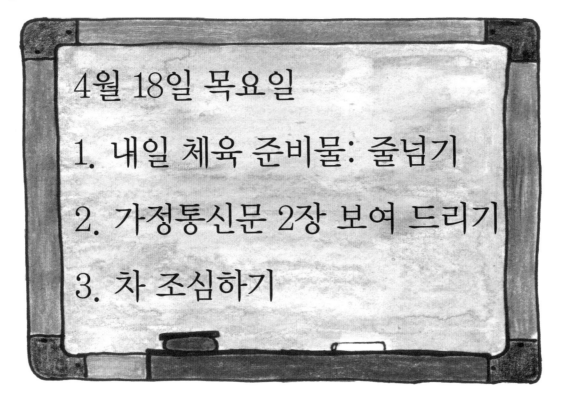

4월 18일 목요일

1. 내일 체육 준비물: 줄넘기

2. 가정통신문 2장 보여 드리기

3. 차 조심하기

월　　　　일　　　　요일		

상우의 일기

9월 21일 금요일 날씨: 비

제목: 미술 준비물

아침에 늦잠을 잤다.

미술 준비물을 못 챙겨 갔다.

내 짝 민지가 준비물을 빌려 줬다.

민지야! 고마워.

문장에 맞는 그림을 알맞게 연결해 보세요.

아침에
늦잠을 잤다.   •   •

미술 준비물을
못 챙겨 갔다.   •   •

민지가
준비물을
빌려 줬다.   •   •

다음 글을 읽고 알맞은 답을 고르세요.

상우의 일기

1. 누구의 일기인가요? .... (　　　　　)

　① 상우　　　　　　　　　② 민지

9월 21일 금요일

2. 몇 월 며칠의 일기인가요?

3. 일기 쓴 날은 무슨 요일인가요?

아침에 늦잠을 잤다.

4. 위 문장에 어울리는 그림을 고르세요. .... (　　　　　)

　①　　　　　　　　　　　　②

다음 글을 읽고 알맞은 답을 고르세요.

미술 준비물을 못 챙겨 갔다.

1. 무엇을 못 챙겨 갔나요? ─────────── (   )

　　① 미술 준비물　　　　　② 배드민턴 채

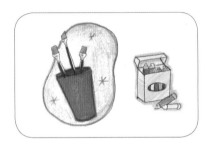

내 짝 민지가 준비물을 빌려 줬다.

2. 누가 준비물을 빌려 줬나요?─────── (   )

　　① 우리 선생님　　　　　② 내 짝 민지

3. 짝이 나에게 준비물을 빌려 주었을 때 뭐라고 말하면 좋을까요?

| |
| |

뽐내기

 등굣길에 만난 사람이나 본 것을 적어 보고, 친구들과 함께
이야기 해 보세요.

선생님께 한마디 혼자 쓰기 어려우면 이야기를 먼저 나누고 나서 적도록 해 보세요. 아이들이 말한 것을 선생님
이 칠판에 적어 준 뒤에 보고 쓰도록 해 주세요.

토끼 만들기

1. 먼저 찰흙으로 반죽을 해요.

2. 몸통을 만들어요.

3. 머리, 팔, 다리, 귀를 붙여요.

4. 얼굴에 눈, 코, 입을 만들어요.

문장에 맞는 사진을 붙임자료 에서 찾아 붙이세요.

찰흙으로 반죽을 해요.

몸통을 만들어요.

머리, 팔, 다리, 귀를 붙여요.

얼굴에 눈, 코, 입을 만들어요.

* 붙임자료는 129쪽에 있습니다.

다음 글을 읽고 알맞은 말을 고르거나 적어 보세요.

1. 먼저 찰흙으로 반죽을 해요.

1. 무엇으로 반죽을 하나요? ································· (   )

   ① 찰흙   ② 지점토

2. 몸통을 만들어요.

2. 무엇을 만드나요? ································· (   )

   ① 눈, 코, 입   ② 몸통

3. 머리, 팔, 다리, 귀를 붙여요.

3. 무엇을 붙이나요? 빈칸에 쓰세요.

다음 글을 읽고 알맞은 말을 고르거나 적어 보세요.

4. 얼굴에 눈, 코, 입을 만들어요.

1. 얼굴에 무엇을 만드나요? .... (   )

① 머리, 귀, 팔, 다리   ② 눈, 코, 입

 글마중을 다시 읽고 토끼를 만드는 순서에 따라 빈칸을 채워 보세요.

   1. 찰흙으로 반죽을 해요.

   2. ☐☐ 을 만들어요.

   3. 머리, 팔, 다리, 귀를 붙여요.

   4. 얼굴에 ☐, ☐, ☐ 을 만들어요.

 '만들다 / 붙이다'는 여러 가지 상황에서 쓰이는 낱말입니다.
아래에 있는 문장을 읽어 보세요.

만들다	- 찰흙으로 토끼를 **만들다.** - 저녁 식사를 **만들었다.**
붙이다	- 풀로 종이를 **붙이다.** - 가스레인지에 불을 **붙였다.**

 다음 문장을 읽고 〈보기〉에서 맞는 것을 골라 적으세요.

〈보기〉　　　만들었다　　　　　　　　　붙였다

색종이를 풀로 |　|　|　| .

배고파서 떡볶이를 |　|　|　|　| .

미술 시간에 연을 |　|　|　|　| .

야영장에서 나무에 불을 |　|　|　| .

통통통

김성균 작사, 작곡

통통통 높이 뛰다가

살살 동그랗게 뛰다가

흔들흔들 흔들흔들 춤추다가

점점 점점 아래로

엉금엉금 기어가다가

살금 살금 살금

떼굴떼굴 떼굴떼굴 굴러가다가

일어섯!

'통통통' 노래를 듣고 함께 불러 보세요. 신나게 율동도 해 보세요.
특히 재미있는 동작은 무엇인가요? 아래에서 한 부분을 골라
○ 하고 친구들에게 그 동작을 보여 주세요.

통통통 높이 뛰다가

살살 동그랗게 뛰다가

흔들흔들 흔들흔들 춤추다가

점점 점점 아래로

엉금엉금 기어가다가

살금 살금 살금

떼굴떼굴 떼굴떼굴 굴러가다가

일어섯!

월   일   요일   확인

 문장에 맞는 그림을 붙임자료 에서 찾아 붙이세요.

통통통 높이 뛰다

떼굴떼굴 굴러가다

흔들흔들 춤추다

엉금엉금 기어가다

* 붙임자료는 129쪽에 있습니다.

👁 **다음 글을 읽고 알맞은 답을 고르거나 쓰세요.**

통통통 높이 뛰다가

1. 높이 뛰는 동작과 어울리는 그림은 무엇인가요? ………… (   )

①

②

흔들흔들 흔들흔들 춤추다가

2. '흔들흔들'은 어떤 모습을 흉내 내는 말인가요? ………… (   )

① 춤추는 모습

② 노래하는 모습

엉금엉금 기어가다가

3. 다음 빈칸에 들어갈 말을 적어 보세요.

기어가다.

 다음 글을 읽고 알맞은 답을 고르세요.

떼굴떼굴 떼굴떼굴 굴러가다가

1. '떼굴떼굴'은 어떤 모습을 흉내 내는 말인가요? ·········· (   )

　① 달리는 모습 　　　　　　　② 굴러가는 모습

글마중을 다시 읽고 단어와 어울리는 그림을 연결해 보세요.

통통통 •

흔들흔들 •

엉금엉금 •

떼굴떼굴 •

낱말 창고

월   일   요일   확인

 문장을 읽고 빈칸에 알맞은 말을 <보기>에서 골라 쓰세요.

 은수야, 더 높이 ⬜⬜ !

 도토리가 떼굴떼굴 ⬜⬜⬜⬜ .

 음악에 맞춰 신나게 ⬜⬜⬜ .

 아기가 엉금엉금 ⬜⬜⬜⬜ .

 거북이가 ⬜⬜⬜⬜ .

 흔들흔들 ⬜⬜⬜ .

<보기> 뛰어   굴러가요   기어가요   춤춰요

선생님께 한마디 보기의 낱말은 4개이고 문장은 6개이므로 한 개의 낱말이 두 번 쓰일 수도 있음을 알려 주세요.

긴 줄넘기 놀이

꼬마야, 꼬마야, 뒤로 돌아라.

꼬마야, 꼬마야, 땅을 짚어라.

꼬마야, 꼬마야, 만세를 불러라.

꼬마야, 꼬마야, 잘 가거라.

'꼬마야, 꼬마야' 노래를 듣고 함께 불러 보세요. 노래와 함께 동작도 해보고, 친구들과 함께 긴 줄넘기도 해 보세요.

긴 줄넘기를 몇 개 했나요? 넘은 개수만큼 점수판에 스티커를 붙여 보세요.

개수 \\ 이름			
1			
2			
3			
4			
5			

그림에 맞는 문장을 읽어 보고 붙임자료 에서 찾아 붙이세요.

* 붙임자료는 129쪽에 있습니다.

잘 가거라.　　　땅을 짚어라.　　　만세를 불러라.　　　뒤로 돌아라.

다음 글을 읽고 알맞은 답을 고르거나 적어 보세요.

꼬마야, 꼬마야, 뒤로 돌아라.

1. '꼬마야, 꼬마야' 노래는 어떤 놀이와 어울리나요? ·········· ()

① 긴 줄넘기   ② 줄다리기

2. 다음 빈칸에 들어갈 말을 적어 보세요.

꼬마야, 꼬마야, 뒤로 [   ][   ][   ] .

꼬마야, 꼬마야, 땅을 짚어라.

3. 위 문장과 어울리는 그림을 고르세요. ·················· ( )

①   ②

4. 다음 중 바르게 쓴 것을 고르세요. ·············· (   )

① 땅을 <u>짚어라</u>.   ② 땅을 <u>지퍼라</u>.

월　　　　일　　　　요일　　[확인]

 다음 글을 읽고 알맞은 답을 적거나 골라 보세요.

　꼬마야, 꼬마야, 만세를 불러라.

1. 다음 빈칸에 들어갈 말을 적어 보세요.

　　꼬마야, 꼬마야, ☐☐ 를 불러라.

　꼬마야, 꼬마야, 잘 가거라.

2. 문장을 읽고 알맞은 말에 ○ 하세요.

　　꼬마야, 꼬마야, 잘 (가거라. / 있어라.)

 글마중을 다시 읽고 순서를 생각하며 빈칸을 채워 보세요.

　뒤로 돌아라.

　　.

　　.

　잘 가거라.

문장을 읽고 빈칸에 알맞은 말을 <보기>에서 골라 쓰세요.

자, 노래를 더 크게 ☐☐☐ !

이 영화 ☐☐ ?

곧장 집으로 ☐☐☐ .

지팡이를 ☐☐☐ .

도서관에서 책을 ☐☐ ?

빨리 민수를 ☐☐☐ .

<보기>　　불러라　　볼까　　짚는다　　가거라

선생님께 한마디 보기의 낱말은 4개이고 문장은 6개이므로 한 개의 낱말이 두 번 쓰일 수도 있음을 알려 주세요.

친구의 이름을 넣어 긴 줄넘기 노래를 완성해 보세요.

| (   ) 아 / 야, |
| (   ) 아 / 야, |
| 뒤로 (   ) |

| (   ) 아 / 야, |
| (   ) 아 / 야, |
| 땅을 (   ) |

| (   ) 아 / 야, |
| (   ) 아 / 야, |
| 만세를 (   ) |

| (   ) 아 / 야, |
| (   ) 아 / 야, |
| 잘 가거라. |

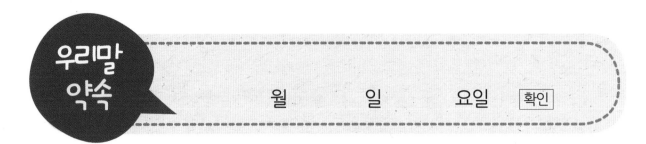
 순서에 주의하며 닿소리를 읽고 써 보세요.

ㄹ 리을

ㄹ | ㄹ |

 큰 소리로 읽으면서 바르게 써 보세요.

ㅏ	ㅑ	ㅓ	ㅕ	ㅗ	ㅛ	ㅜ	ㅠ	ㅡ	ㅣ
라	랴	러	려	로	료	루	류	르	리
알	얄	얼	열	올	욜	울	율	을	일

 'ㄹ'이 들어가 있는 낱말에 ○ 하세요.

고구마   라면   도끼

로봇   수박   줄다리기

낱말을 읽고 써 보세요.

라	디	오

로	봇

룰	루	랄	라

 낱자들을 더해서 써 보세요.

첫소리	+	**가운뎃소리**	+	**끝소리**	=	**글자**

도레미	ㄹ	+	ㅔ	+		=	레	
노랑	ㄹ	+	ㅏ	+	ㅇ	=	랑	
기린	ㄹ	+	ㅣ	+	ㄴ	=	린	
아이스크림	ㄹ	+	ㅣ	+	ㅁ	=	림	

'ㄹ'이 끝소리로 쓰이는 낱말을 읽고 써 보세요.

토요일
土, sat
일요일
日, sun

주	말
ㅈㅜ	ㅁㅏㄹ
주	말

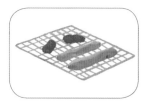

삼	겹	살
ㅅㅏㅁ	ㄱㅕㅂ	ㅅㅏㄹ
삼	겹	살

물	총	놀	이
ㅁㅜㄹ	ㅊㅗㅇ	ㄴㅗㄹ	이
물	총	놀	이

알림장 (2)

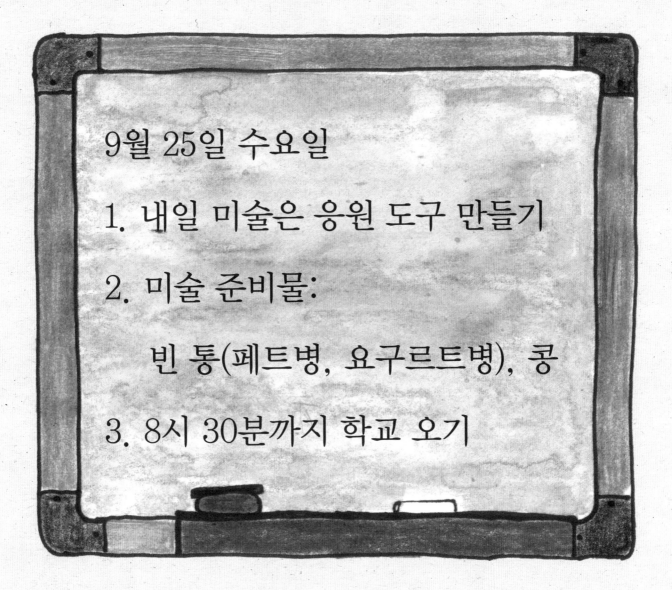

9월 25일 수요일

1. 내일 미술은 응원 도구 만들기

2. 미술 준비물:

　　빈 통(페트병, 요구르트병), 콩

3. 8시 30분까지 학교 오기

다음 글을 읽고 알맞은 답을 쓰세요.

9월 25일 수요일

1. 몇 월 며칠 알림장인가요?

2. 무슨 요일에 쓴 알림장인가요?

 입니다.

3. 빈칸을 채워서 달력을 완성해 보세요.

일	월	화	수			
22	23			26	27	28

다음 글을 읽고 알맞은 답을 고르세요.

내일 미술은 응원 도구 만들기

1. 내일 미술시간에 무엇을 만드나요? ─────────── (　　　　)

　① 응원 도구　　　　　　　　　② 돛단배

미술 준비물: 빈 통(페트병, 요구르트병), 콩

2. 미술 준비물은 무엇인가요? 모두 고르세요. ──── (　　　),(　　　)

　① 빈 통　　　　　② 숟가락　　　　　③ 콩

8시 30분까지 학교 오기

3. 몇 시까지 학교에 오나요? ───────────── (　　　　)

　① 8시 30분　　　　　　　　　② 9시

낱말 창고

월   일   요일   확인

 학용품의 쓰임새를 읽고 알맞은 낱말을 〈보기〉에서 찾아 쓰세요.

〈보기〉

연필   지우개   가위   풀   색연필

1. 잘못 쓴 글씨를 지워요.

2. 그림을 그리거나 색칠해요.

3. 종이를 붙여요.

4. 글씨를 써요.

5. 종이를 잘라요.

운동회 순서

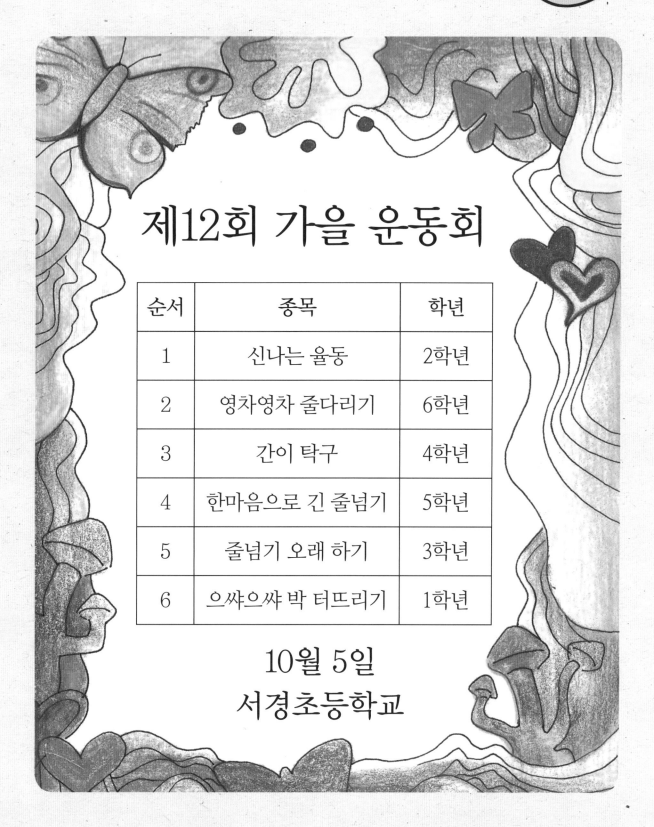

제12회 가을 운동회

순서	종목	학년
1	신나는 율동	2학년
2	영차영차 줄다리기	6학년
3	간이 탁구	4학년
4	한마음으로 긴 줄넘기	5학년
5	줄넘기 오래 하기	3학년
6	으쌰으쌰 박 터뜨리기	1학년

10월 5일
서경초등학교

글마중을 다시 읽고 경기 순서대로 붙임자료 에서 그림을 찾아 붙이고 몇 학년인지 쓰세요.

첫 번째
2 학년

두 번째
학년

세 번째
학년

네 번째
학년

다섯 번째
학년

여섯 번째
학년

* 붙임자료는 129쪽에 있습니다.

긴 줄넘기   간이 탁구   박 터뜨리기   율동   줄넘기 오래 하기   줄다리기

월 　　 일 　　 요일 　 확인

 다음 글을 읽고 알맞은 답을 쓰세요.

제12회 가을 운동회 순서

10월 5일
서경초등학교

1. 서경초등학교에서 무엇을 하나요? ─────── (　　　)
　　① 가을 운동회 　　　　　　② 현장학습

2. 언제 가을 운동회를 하나요? ─────── (　　　)
　　① 5월 10일 　　　　　　② 10월 5일

2학년 – 신나는 율동
6학년 – 영차영차 줄다리기

3. 줄다리기는 몇 학년이 하나요? ─────── (　　　)
　　① 2학년 　　　　　　② 6학년

4. 2학년은 무엇을 하나요? ─────── (　　　)
　　① 율동 　　　　　　② 줄다리기

다음 글을 읽고 알맞은 답을 쓰세요.

    4학년 – 간이 탁구
    5학년 – 한마음으로 긴 줄넘기

1. 간이 탁구는 몇 학년이 하나요? ⋯⋯⋯⋯⋯⋯⋯⋯ (   )

    ① 4학년   ② 5학년

2. 5학년이 하는 경기는 무엇인가요? ⋯⋯⋯⋯⋯⋯⋯ (   )

    ① 긴 줄넘기   ② 간이 탁구

    3학년 – 줄넘기 오래 하기
    1학년 – 으쌰으쌰 박 터뜨리기

3. 3학년은 무슨 경기를 하나요? ⋯⋯⋯⋯⋯⋯⋯⋯⋯ (   )

    ① 박 터뜨리기   ② 줄넘기 오래 하기

4. 다음 그림의 경기는 몇 학년이 하나요? ⋯⋯⋯⋯⋯ (   )

   ① 3학년   ② 1학년

운동회날 어떤 경기를 하는지 그림과 연결해 보세요.

줄다리기 •

•

박 터뜨리기 •

•

율동 •

•

간이 탁구 •

•

긴 줄넘기 •

•

줄넘기
오래 하기 •

•

⭐ 여러분은 운동회 사회자가 되었습니다. 글마중의 순서지를 보고
소개하고 싶은 경기를 붙임자료 로 붙이고 글을 써 보세요.

<예시>  다음은 6학년 학생들이 줄다리기를
하겠습니다. 열심히 응원해 주세요.

이곳에 소개하고 싶은
경기 그림을 붙여 주세요.

다음은 [   ] 학생들이

[   ] 를(을) 하겠습니다.

[   ] .

⭐ 경기를 하나 정해서 붙임자료 로 붙이고 소개하는 글을 써 보세요.

* 붙임자료는 130쪽에 있습니다.

선생님께 한마디 아이와 어떻게 소개할지 이야기를 나누고 아이가 하는 말을 그대로 선생님이 말풍선에 써 주
세요. 어려워하는 친구는 말풍선을 보고 소개하게 해 주세요.

오늘은 가을 운동회 날

백군 이겨라!
청군 이겨라!
신나는 응원 소리에
운동장도 들썩들썩

준비,
땅! 소리에
다다다다 뛰는 내 다리
쿵쾅쿵쾅 뛰는 내 가슴

운동회 날 들을 수 있는 소리입니다. 그림과 연결해 보세요.

백군 이겨라!
청군 이겨라!

•   •

영차! 영차!

•   •

준비, 땅!

•   •

다음 글을 읽고 알맞은 답을 쓰세요.

오늘은 가을 운동회 날

1. 오늘은 무슨 날인가요? ·····························（　　　　）

　　① 추석　　　　　　　　　　② 가을 운동회 날

2. 오늘은 무엇을 할까요? ·····························（　　　　）

　　① 달리기　　　　　　　　　② 수학 공부

백군 이겨라! 청군 이겨라!

3. 윗글에서 친구들은 무엇을 하고 있나요? ··········（　　　　）

　　① 청소　　　　　　　　　　② 응원

4. 깃발의 색깔을 보고 백군인지 청군인지 적어 보세요.

다음 글을 읽고 알맞은 답을 쓰세요.

신나는 응원 소리에 운동장도 들썩들썩

1. 신나는 응원 소리에 무엇이 들썩들썩 하나요? ·········· (   )

   ① 운동장   ② 놀이터

준비, 땅!

2. "준비, 땅!"을 하고 나면 무엇을 하나요? ·········· (   )

   ① 줄넘기   ② 달리기

다다다다 뛰는 내 다리
쿵쾅쿵쾅 뛰는 내 가슴

3. 다다다다 뛰는 모습은 무엇일까요? ·········· (   )

   ①   ②

4. 가슴이 뛰는 소리를 나타내는 말은 무엇인가요? ·········· (   )

   ① 쿵쾅쿵쾅   ② 다다다다

가을 운동회에 가족을 초대해 봅시다. 초대장을 쓰고 예쁘게 꾸며 보세요.

_____ 께

_____ 를 보러 오세요.

저는 _____ 를 할 거예요.

_____

10월 5일 10시에 운동장으로 오세요.

_____ 올림

주말 이야기 발표하기(1)

저는 엄마와 수박을 먹었어요.

이윤지

저는 동생과 물총 놀이를 했어요.

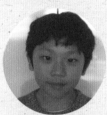

강승호

저는 엄마, 아빠와
자전거를 탔어요.

황성주

저는 엄마, 아빠, 형과
삼겹살을 먹었어요.

고태현

글마중을 읽고 상황에 알맞은 그림을 연결해 보세요.

고태현

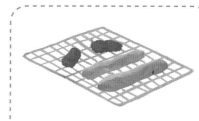

삼겹살을 먹었어요.

강승호

자전거를 탔어요.

이윤지

물총 놀이를 했어요.

황성주

수박을 먹었어요.

다음 글을 읽고 알맞은 답을 고르세요.

이윤지: 저는 엄마와 수박을 먹었어요.

1. 엄마와 수박을 먹은 사람은 누구인가요? ──────── (   )

　　① 이윤지   ② 고태현

2. 윤지는 엄마와 무엇을 먹었나요? ──────── (   )

　　① 수박   ② 떡볶이

3. 윗글을 읽고 아래 빈칸을 채우세요.

　　윤지는  와  을 먹었어요.

다음 글을 읽고 알맞은 답을 고르세요.

강승호: 저는 동생과 물총 놀이를 했어요.

1. 동생과 물총 놀이를 한 사람은 누구인가요? ················· (   )

　① 황성주　　　　　　　　　② 강승호

2. 승호는 동생과 무엇을 했나요? ······························ (   )

　① 쥐불놀이　　　　　　　　② 물총 놀이

3. 윗글을 읽고 아래 빈칸을 채우세요.

승호는 ☐☐ 과

☐☐☐☐ 를 했어요.

다음 글을 읽고 알맞은 답을 고르세요.

황성주: 저는 엄마, 아빠와 자전거를 탔어요.

1. 엄마, 아빠와 자전거를 탄 사람은 누구인가요? ············· (   )

① 황성주   ② 강승호

2. 성주는 엄마, 아빠와 무엇을 탔나요? ················· (   )

① 비행기   ② 자전거

3. 윗글을 읽고 아래 빈칸을 채우세요.

성주는 [　][　] , [　][　] 와

[　][　][　] 를 탔어요.

월   일   요일   확인

 다음 글을 읽고 알맞은 답을 고르세요.

고태현: 저는 엄마, 아빠, 형과 삼겹살을 먹었어요.

1. 엄마, 아빠, 형과 삼겹살을 먹은 사람은 누구인가요? ······ (   )

① 이윤지   ② 고태현

2. 태현이는 엄마, 아빠, 형과 무엇을 먹었나요? ····················· (   )

① 아이스크림   ② 삼겹살

   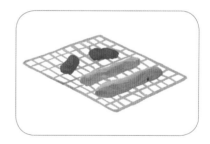

3. 윗글을 읽고 아래 빈칸을 채우세요.

태현이는 [ ][ ] , [ ][ ] , [ ] 과

[ ][ ][ ]   을 먹었어요.

주말 이야기의 그림을 보고 문장을 완성하세요.

누구는	누구와	무엇을 했어요
	엄마	

윤지는 엄마와 수박을 먹었어요.

누구는	누구와	무엇을 했어요
	동생	

승호는

누구는	누구와	무엇을 했어요
	엄마 아빠	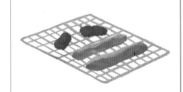

성주는

누구는	누구와	무엇을 했어요
	엄마 아빠 형	

태현이는

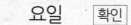

월   일   요일   확인

 지난 주말에 무엇을 했는지 그림을 그리고 써 보세요.

〈예시〉

누가	누구와	무엇을 했어요.

나는 아빠와 자동차 청소를 했어요.		

누가	누구와	무엇을 했어요.

주말 이야기 발표하기(2)

이윤지

저는 아빠와 피자를 먹었어요.

저는 할머니와 교회에 갔어요.

강승호

황성주

저는 삼촌과 이모랑
영화를 봤어요.

저는 형과 로봇을 만들었어요.

고태현

주말 이야기를 읽고 바르게 연결해 보세요.

고태현

영화를 봤어요.

강승호

교회에 갔어요.

이윤지

로봇을 만들었어요.

황성주

피자를 먹었어요.

다음 글을 읽고 알맞은 답을 고르세요.

이윤지: 저는 아빠와 피자를 먹었어요.

1. 아빠와 피자를 먹은 사람은 누구인가요? ·············· (   )

① 강승호   ② 이윤지

2. 윤지는 아빠와 무엇을 먹었나요? ·················· (   )

① 피자   ② 햄버거

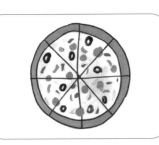   

3. 윗글을 읽고 아래 빈칸을 채우세요.

윤지는  와  를 먹었어요.

다음 글을 읽고 알맞은 답을 고르세요.

강승호: 저는 할머니와 교회에 갔어요.

1. 할머니와 교회에 간 사람은 누구인가요? ·········· (   )

   ① 강승호   ② 고태현

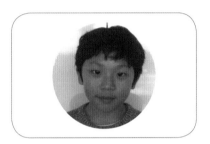   

2. 승호는 할머니와 어디에 갔나요? ·················· (   )

   ① 교회   ② 놀이공원

3. 윗글을 읽고 아래 빈칸을 채우세요.

   승호는 [ ][ ][ ] 와 [ ][ ] 에 갔어요.

다음 글을 읽고 알맞은 답을 고르세요.

황성주: 저는 삼촌과 이모랑 영화를 봤어요.

1. 삼촌과 이모랑 영화를 본 사람은 누구인가요? ·············· (   )

① 이윤지   ② 황성주

2. 성주는 삼촌과 이모랑 무엇을 봤나요? ·············· (   )

① 영화   ② 연극

3. 윗글을 읽고 아래 빈칸을 채우세요.

성주는 [   ][   ] 과 [   ][   ] 랑

[   ][   ] 를 봤어요.

다음 글을 읽고 알맞은 답을 고르세요.

고태현: 저는 형과 로봇을 만들었어요.

1. 형과 로봇을 만든 사람은 누구인가요? ⸳⸳⸳⸳⸳⸳⸳⸳⸳⸳⸳⸳⸳⸳⸳⸳⸳⸳⸳ (   )

① 이윤지   ② 고태현

2. 태현이는 형과 무엇을 했나요? ⸳⸳⸳⸳⸳⸳⸳⸳⸳⸳⸳⸳⸳⸳⸳⸳⸳⸳⸳ (   )

① 보드 게임   ② 로봇 만들기

3. 윗글을 읽고 아래 빈칸을 채우세요.

태현이는 과 을 만들었어요.

주말 이야기의 그림을 보고 문장을 완성하세요.

누구는	누구와	무엇을 했어요
	아빠	

윤지는 아빠와 피자를 먹었어요.

누구는	누구와	무엇을 했어요
	할머니	

승호는

누구는	누구와	무엇을 했어요
	삼촌 이모	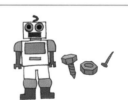

성주는

누구는	누구와	무엇을 했어요
	형	

태현이는

 주말에 먹은 음식을 쓰고 그림을 그려 보세요.

나는 주말에 _____ 을 / 를 먹었어요.

 순서에 주의하며 닿소리를 읽고 써 보세요.

미음

 큰 소리로 읽으면서 바르게 써 보세요.

ㅏ	ㅑ	ㅓ	ㅕ	ㅗ	ㅛ	ㅜ	ㅠ	ㅡ	ㅣ
마	먀	머	며	모	묘	무	뮤	므	미
암	얌	엄	염	옴	욤	움	윰	음	임

 'ㅁ'이 들어가 있는 낱말에 ○ 하세요.

| 모자 | 쌍둥이 | 하마 |
| 몸무게 | 바지 | 줄넘기 |

우리말
약속

낱말을 읽고 써 보세요.

미	술

몸	무	게

무	겁	다

낱자들을 더해서 써 보세요.

첫소리	+	가운뎃소리	+	끝소리	=	글자
ㅁ	+	ㅜ	+		=	무
ㅁ	+	ㅏ	+	ㄹ	=	말
ㅁ	+	ㅗ	+	ㅁ	=	몸
ㅁ	+	ㅜ	+	ㄴ	=	문

'ㅁ'이 끝소리로 쓰이는 낱말을 읽고 써 보세요.

엄	마
ㅇㅓㅁㅁㅏ	
엄	마

발	꿈	치
ㅂㅏㄹㄲㅜㅁㅊㅣ		
발	꿈	치

문	을	잠	가	요
ㅁㅜㄴ	ㅇㅡㄹ	ㅈㅏㅁ	ㄱㅏ	ㅇㅛ
문	을	잠	가	요

건강 검사 하는 날

글마중

내일은 건강 검사를 하는 날입니다.

지수는 학교에 가기 싫습니다.

왜냐하면, 몸무게를 재야 하기

때문입니다.

건강 검사를 하는 그림을 찾아서 ○ 하세요.

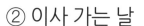

월   일   요일   확인

 다음 글을 읽고 알맞은 답을 고르세요.

내일은 건강 검사를 하는 날입니다.

1. 내일은 무슨 날인가요? ⋯⋯⋯⋯⋯⋯⋯⋯⋯⋯⋯ (   )

① 건강 검사를 하는 날

② 이사 가는 날

지수는 학교에 가기 싫습니다.

2. 학교에 가기 싫은 사람은 누구인가요? ⋯⋯⋯⋯⋯ (   )

① 선생님

② 지수

3. 지수가 가기 싫은 곳은 어디인가요? ⋯⋯⋯⋯⋯⋯ (   )

① 학교

② 병원

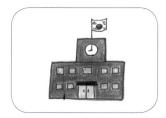

다음 글을 읽고 알맞은 답을 고르세요.

지수는 학교에 가기 싫습니다.

1. 지수는 학교에 가기 ( 싫어요.) ( 좋아요.)

몸무게를 재야 하기 때문입니다.

2. 무엇을 재야 하기 때문인가요? ⋯⋯⋯⋯⋯⋯⋯⋯⋯⋯ (   )

① 몸무게   ② 키

3. 윗글을 읽고 아래 빈칸을 채우세요.

				를 하는 날에

를 재야 하기 때문에

지수는 [ ][ ] 에 가기 싫습니다.

건강 검사 순서

1. 번호대로 줄을 선다.

2. 키와 몸무게를 잰다.

3. 시력 검사를 한다.

건강 검사를 어떤 순서대로 한다고 하였나요? 붙임자료 에서 알맞은 그림을 찾아 차례대로 붙여 보세요.

1. 번호대로 줄을 선다.

2. 키와 몸무게를 잰다.

3. 시력검사를 한다.

* 붙임자료는 130쪽에 있습니다.

내용을 읽고 알맞은 답을 찾아보세요.

키와 몸무게를 잰다.

1. 건강검사에서 재는 것은 무엇인가요? ······················· (   )

   ① 키와 몸무게   ② 발 크기

   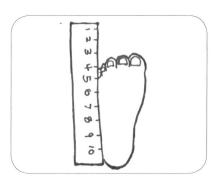

시력 검사를 한다.

2. 키와 몸무게를 잰 다음 무슨 검사를 하나요? ··············· (   )

   ① 구강 검사   ② 시력 검사

키와 몸무게 재는 방법 안내

1. 발 그림에 맞게 올라가요.

2. 등을 기대지 않고
   똑바로 서요.

3. 막대기가 머리에
   닿을 때까지 기다려요.

키와 몸무게 재는 방법을 붙임자료 에서 찾아 순서대로 붙여
보세요.   * 붙임자료는 130쪽에 있습니다.

1. 발 그림에 맞게 올라가요.

2. 등을 기대지 않고 똑바로 서요.

3. 막대기가 머리에 닿을 때까지 기다려요.

글마중을 읽고 알맞은 답을 찾아보세요.

발 그림에 맞게 올라가요.

1. 키와 몸무게를 재기 위해 무슨 그림에 맞게 올라가야 하나요? (   )

① 손 그림

② 발 그림

등을 기대지 않고 똑바로 서요.

2. 다음 글을 읽고 빈칸에 알맞은 낱말을 쓰세요.

키와 몸무게를 잴 때는 등을 기대지 않고

섭니다.

막대기가 머리에 닿을 때까지 기다려요.

3. 키와 몸무게를 잴 때 언제까지 기다려야 하나요? ·············· (   )

① 막대기가 머리에 닿을 때까지

② 막대기가 어깨에 닿을 때까지

월   일   요일   확인

 크기와 무게를 나타내는 말입니다. 〈보기〉에서 알맞은 말을
찾아 써 보세요.

〈보기〉	크다 작다
	형은 키가 ( ).
	동생은 키가 ( ).

〈보기〉	무겁다 가볍다
	내 책가방이 ( ).
	동생 가방은 ( ).

월   일   요일   확인

 내 키와 몸무게를 재 보세요. 우리 반 친구의 키와 몸무게도 적어 보세요.

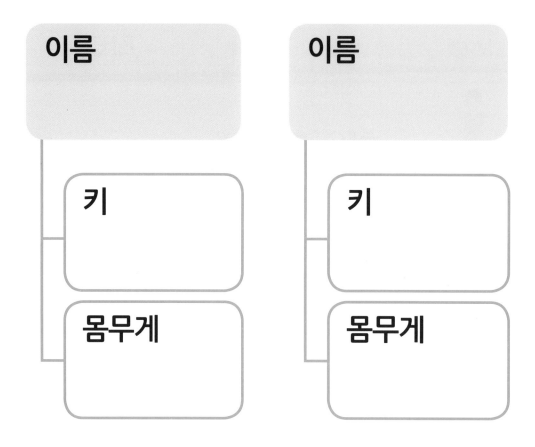

 나와 친구의 키와 몸무게를 비교해 보고, 아래 문장을 완성해 보세요.

내 키는 _____보다 더 (큽니다 / 작습니다).

내 몸무게는 _____보다 더 (무겁습니다 / 가볍습니다).

학교는 즐겁다

5월 2일 수요일 날씨: 맑음

나는 몸무게 재는 것이 싫다.

키 140cm, 몸무게 23kg.

내 별명은 '해골, 졸라맨, 젓가락'이다.

다음 글을 읽고 알맞은 답을 고르세요.

나는 몸무게 재는 것이 싫다.

1. 내가 싫어하는 것은 무엇인가요? ·················· (   )

   ① 몸무게 재는 것   ② 노래하는 것

키 140cm, 몸무게 23kg.

2. 나는 (   ) 가 140cm이고, (   ) 가 23kg입니다.

   (   ) 안에 맞는 번호를 찾아서 쓰세요.

   ① 키   ② 몸무게

내 별명은 '해골, 졸라맨, 젓가락'이다.

3. 다음 중 내 별명은 무엇인가요? 모두 고르세요.   (   ),(   )

   ① 돼지   ② 졸라맨   ③ 해골

기태의 아침 식사

"기태야, 아침밥 먹자."

엄마가 기태를 부르십니다.

기태는 벌떡 일어납니다.

"엄마, 저 밥 많이 주세요.

오늘 건강 검사 하는 날이거든요."

월   일   요일   확인

 다음 음식의 이름은 무엇인가요? 사진과 음식 이름을 연결해 보세요.

미역국 •   •

콩밥 •   •

생선 구이 •   •

된장찌개 •   •

호박전 •   •

다음 글을 읽고 알맞은 답을 빈칸에 쓰세요.

"기태야, 아침밥 먹자."
엄마가 기태를 부르십니다.

1. 엄마는 무엇을 먹으라고 누구를 부르시나요?

엄마가 [ ][ ][ ] 을 먹으라고

[ ][ ] 를 부르십니다..

기태는 벌떡 일어납니다.
"엄마, 저 밥 많이 주세요.
오늘 건강 검사 하는 날이거든요."

2. 문장을 읽고 (   )에서 알맞은 말에 ○ 하세요.

기태는 아침밥을 (많이, 적게) 달라고 했습니다.

3. 기태는 왜 아침밥을 많이 달라고 했을까요?

오늘은 [ ][ ][ ][ ] 를 하는 날이어서

 다음 음식의 이름을 〈보기〉에서 찾아 바르게 써 보세요.

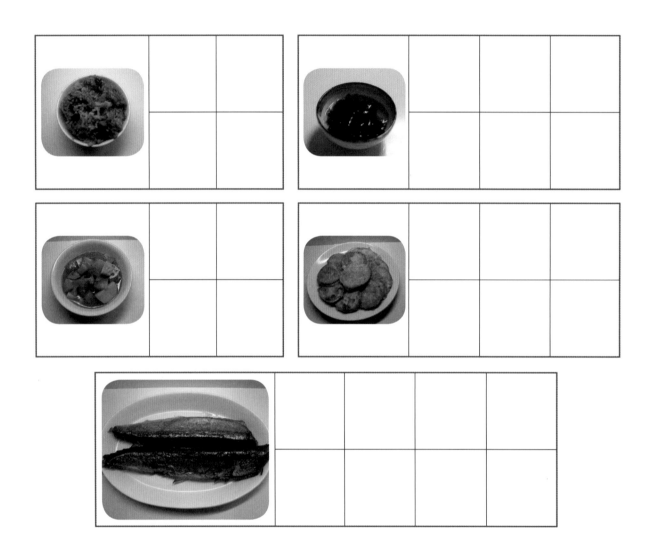

<보기>

호박전   미역국   찌개

생선 구이   콩밥

키 큰 아이 부러운 날 글마중

김예은

오늘은 신체검사 날
아이들끼리 어떻게 하면
크게 나올까 궁리한다.

양말 속에 슬리퍼를 신어?
아님 까치발을 들어?

키 큰 아이 부러운 날
신체검사 날

다음 글을 읽고 알맞은 답을 찾아보세요.

오늘은 신체검사 날
아이들끼리 어떻게 하면
크게 나올까 궁리한다.

1. 오늘은 무슨 날입니까?

				날

2. 아이들끼리 무엇을 궁리합니까? ·· (   )

　① 어떻게 하면 크게 나올까　　　② 어떻게 하면 작게 나올까

양말 속에 슬리퍼를 신어?
아님
까치발을 들어?
키 큰 아이 부러운 날
신체검사 날

3. 누가 부러운 날입니까? ······································· (   )

　① 키 작은 아이　　　　　　　② 키 큰 아이

118 학교는 즐겁다

동시에 나와 있는 '궁리하다'의 낱말 뜻을 알아보세요.

오늘은 신체검사 날
아이들끼리 어떻게 하면
크게 나올까 <u>궁리한다.</u>

'궁리하다'는
'깊이 생각해 보는 것'이랍니다.

<예시>   나는 친구 생일날 무슨 선물을 살까 **궁리**하였다.

	친구에게 할 말을 **궁리**한 후 다가갔다.
	과학자는 실험을 위해 한참을 **궁리**했다.

꼬마 원숭이

윤현진

원숭이하고 기린하고
키 재기를 하는데
꼬마 원숭이는 몰래몰래
발꿈치를 들었대요.

하하하하 우습구나.
꼬마 원숭이 참 우습구나.

그래도 안돼 안돼 안돼
기린한텐 못 당하지.

선생님께 한마디 친구와 키 재기를 하며 노래를 불러 보세요.

원숭이와 기린의 키를 비교하여 빈칸에 쓰고 예쁘게 색칠해 주세요.

원숭이와 기린 중에서 [   ] 의 키가 작습니다.

기린과 원숭이 중에서 [   ] 의 키가 큽니다.

다음 글을 읽고 알맞은 답을 고르세요.

원숭이하고 기린하고 키 재기를 하는데

1. 누구와 누가 키 재기를 하나요? 모두 고르세요. (   ),(   )

   ① 기린   ② 원숭이   ③ 악어

꼬마 원숭이는 몰래몰래 발꿈치를 들었대요.

2. 누가 몰래몰래 발꿈치를 들었나요? ·· (   )

   ① 꼬마 원숭이   ② 여우

3. 발꿈치를 들고 있는 모습을 골라 번호를 쓰세요. ············· (   )

   ①   ②

우리 몸에 대해 알아봅시다. 빈칸에 알맞은 낱말을 〈보기〉에서
찾아 써 보세요.

〈보기〉 발가락   팔   손가락   눈   코

귀   입   머리   다리   발꿈치

벽에 등을 대고 2가지 방법으로 키를 재어 연필로 표시해 보고
비교해 보세요.

① 발바닥을 바닥에 대고 키 표시하기

② 발꿈치를 높이 들고 키 표시하기

③ 발꿈치를 들고 키를 잰 것이 발바닥을 대고 키를 잰 것보다
더 (큽니다. 작습니다.)

④ 표시한 두 개의 선 사이가 얼마나 차이가 나는지 자로 재어
보세요.

월   일   요일   확인

 순서에 주의하며 닿소리를 읽고 써 보세요.

비읍

 큰 소리로 읽으면서 바르게 써 보세요.

ㅏ	ㅑ	ㅓ	ㅕ	ㅗ	ㅛ	ㅜ	ㅠ	ㅡ	ㅣ
바	뱌	버	벼	보	뵤	부	뷰	브	비
압	얍	업	엽	옵	욥	웁	윱	읍	입

 'ㅂ'이 들어가 있는 낱말에 ○ 하세요.

바지	티셔츠	가방
박물관	주먹밥	기차

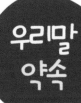
 낱말을 읽고 써 보세요.

바	다

비	빔	밥

반	짝	반	짝

 낱자들을 더해서 써 보세요.

첫소리	+	가운뎃소리	+	끝소리	=	글자
ㅂ	+	ㅣ	+		=	비
ㅂ	+	ㅏ	+	ㄹ	=	발
ㅂ	+	ㅏ	+	ㅂ	=	밥
ㅂ	+	ㅕ	+	ㄹ	=	별

'**ㅂ**'이 끝소리로 쓰이는 낱말을 읽고 써 보세요.

서	랍
ㅅㅓ	ㄹㅏㅂ
서	랍

주	먹	밥
ㅈㅜ	ㅁㅓㄱ	ㅂㅏㅂ
주	먹	밥

배	를	탑	니	다
ㅂㅐ	ㄹㅡㄹ	ㅌㅏㅂ	ㄴㅣ	ㄷㅏ
배	를	탑	니	다

★ 45쪽에 활용하세요.

★ 51쪽에 활용하세요.

★ 57쪽에 활용하세요.

잘 가거라.

만세를 불러라.

땅을 짚어라.

뒤로 돌아라.

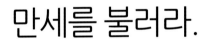

★ 70쪽에 활용하세요.

★ 74쪽에 활용하세요.

★ 104쪽에 활용하세요.

★ 107 쪽에 활용하세요.